—Este cuaderno es mi anuario.

—Todos los años, mamá nos mide.
—Ponte de pie al lado de la pared. Muy bien.

—Después, escribo en mi anuario mi edad y mi altura y dibujo la silueta de mi mano.

—Abuela, ¡soy más alta!
—¿Cuántos centímetros?
—¡Seis!

—¿Me dejas el metro?
—Toma.

—¿Qué haces?
—Medir la cabeza del abuelo.
54 centímetros.

—Quiero una boina. Vamos a una
sombrerería.

—Buenos días, quiero una boina,
   por favor.
—¿De qué talla?
—Grande.

7

—¿Cuántas boinas hay dentro de esas cajas?
—Muchas. De diferentes tallas.

—¿¡Hay tallas de sombrero!?
—Claro. Puedes ser alto o bajo, gordo o delgado. Y puedes tener la cabeza grande o pequeña.
—¡Ah!

—¿Estoy guapo?
—Sí.

—¿La tienes en color
   azul marino?
—Sí.

9

—¿Algo más?
—Ana, ¿te gusta algún sombrero? ¿Quieres uno?
—Me gusta el que está debajo del sombrero blanco.

—Es un chullo, un gorro peruano con orejas.

—¿Puedo medirte la cabeza?
48 centímetros, talla muy
pequeña.

—¡Hola, mamá! ¿Qué hay para cenar?
—Hola, Ana. Hay pescado.
¡Qué guapa estás con ese gorro!

—No me gusta el pescado.
—¿Cuántas patatas quieres, Ana?
—¡Muchas!

—¿Qué quieres de beber?
—Zumo.

—¿Quieres, Colega?
Toma, ¡come!

—Papá, ¿sabes dónde está mi anuario?
—Dentro de ese cajón.